F R A N S   V A N   D U I J N

MUHAMMAD ALI

DER BESTE BOXER DER WELT

Spaß am Lesen Verlag
www.einfachebuecher.de

Autor: Frans van Duijn

Dieses Buch ist eine nicht autorisierte Ausgabe. Es kam ohne die Mitwirkung der Familie von Muhammad Ali zustande.

Originalausgabe:

Bildnachweise auf S. 96

Vereinfachte Version:

Bearbeitung in Einfacher Sprache: Bettina Stoll
Produktion, Redaktion und Gestaltung: Spaß am Lesen Verlag

ISBN 978 3 910531 20 8

FRANS VAN DUIJN

MUHAMMAD ALI

DER BESTE BOXER DER WELT

In Einfacher Sprache

Inhalt

„Der Größte" 7

1 | Hau ab! 9

2 | Boxen 15

3 | Die Sprüche von Cassius 19

4 | Nach Rom! 23

5 | Profi 29

6 | Weltmeister 35

7 | Cassius Clay wird Muhammad Ali 41

8 | Der schnellste Schlag 45

9 | Ali und Vietnam 49

10 | Kein Weltmeister mehr 53

11 | Der Kampf des Jahrhunderts 59

12 | *Rumble in the Jungle* 65

13 | Zum dritten Mal Joe Frazier 69

14 | Aus für Ali? 75

15 | Das Ende 79

STECKBRIEF

Name: Cassius Clay

Name seit 1964: Muhammad Ali

Spitznamen: The Greatest (der Größte), Louisville Lip (der Sprüche-Klopfer aus Louisville)

Geboren: 17. Januar 1942

Geburtsort: Louisville, USA

Größe: 1.91 m

Gewicht: 90-100 kg

RB 0123456789

GEWICHTSKLASSE	KÄMPFE INSGESAMT:
SCHWERGEWICHT	61
SIEGE:	**NIEDERLAGEN**
56	5
KNOCK-OUTS:	**GESTORBEN:**
37	3. JUNI 2016

BEGRABEN IN: LOUISVILLE

„Der Größte“

Muhammad Ali war ein berühmter Boxer. Er wurde dreimal Weltmeister im Schwergewicht. Er bekam viele Spitznamen, der bekannteste ist „der Größte“. Ali ist auch berühmt für seine Sprüche. Über sich selbst als Boxer sagte er zum Beispiel: „Ich schwebe wie ein Schmetterling und steche wie eine Biene.“

Ali wurde 1942 in den USA als Cassius Clay geboren. Doch mit 22 Jahren ändert Cassius seinen Namen. Sein Ur-Großvater war ein Sklave. Den Namen Clay bekam der Ur-Großvater von seinem weißen Besitzer. Doch Cassius will nicht länger den Namen eines Sklaven tragen. Ab jetzt heißt er Muhammad Ali.

Auch Muhammad Ali merkt: Menschen mit dunkler Hautfarbe werden in den USA nach wie vor schlecht behandelt. Ali setzt sich sein ganzes Leben lang gegen Rassismus und Diskriminierung ein.

Dieses Buch erzählt von Alis Kämpfen gegen andere Boxer. Aber auch von seinem Kampf gegen Unrecht.

Cassius Clay wird in der amerikanischen Stadt Louisville geboren.

1

Hau ab!

Am 17. Januar 1942 wird Cassius Clay in Louisville geboren. Das ist eine Stadt im US-Bundesstaat Kentucky, also im Süden der USA. Cassius hat einen jüngeren Bruder, Rudy. Die Eltern der beiden Jungen arbeiten hart. Die Mutter ist Hausfrau und Putzfrau. Der Vater ist Maler. Er malt auch Werbeplakate und Aushänge-Schilder. Sie wohnen in einem kleinen Haus, und sie haben ein glückliches Familienleben.

Im Süden der USA herrscht Rassen-Trennung. Das heißt, Schwarze und weiße Menschen leben streng getrennt. Auch in Louisville hängen überall Schilder mit Aufschriften wie: „Nur für Schwarze" oder „Nur für Weiße". Diese Schilder findet man vor öffentlichen Toiletten, in Hotels und Geschäften. Und an vielen anderen öffentlichen Plätzen.

Auch die Schulen sind entweder für weiße oder für Schwarze Kinder. Auf der Straße sieht man nie einen Schwarzen Mann zusammen mit einer weißen Frau. Das ist nicht erlaubt. Im Bus dürfen alle mitfahren. Allerdings dürfen Schwarze Menschen nur hinten im Bus sitzen.

Schwarze Menschen haben auch kein Stimmrecht. Das heißt, sie dürfen nicht wählen gehen. All diese Vorschriften stammen von weißen Menschen. Sie allein haben das Sagen im Süden von den USA.

Die Familie Clay ist Schwarz. Schon in seiner Kindheit merkt Cassius, was das bedeutet. Als Kind betritt er einmal einen Laden und bittet um einen Schluck Wasser. Er hat großen Durst! Aber er bekommt kein Wasser. Der Laden ist nur für weiße Menschen. Cassius wird weggeschickt. Manchmal verirrt sich Cassius in einen weißen Stadtteil. Die weißen Leute rufen dann: „Hau ab!"

Der Rassismus vieler weißer Menschen macht Cassius wütend. Dabei ist Cassius eigentlich ein fröhlicher, munterer Junge. Er ist für jeden Spaß zu haben. Er und sein Bruder Rudy helfen dem Vater oft beim Bemalen von Schildern. Den beiden Brüdern geht es gut. Sie leiden nie an Hunger und sind immer anständig gekleidet.

Als Cassius zwölf Jahre alt ist, wird sein neues Fahrrad gestohlen. Er ärgert sich sehr darüber. Er geht zu einem Polizisten und meldet den Diebstahl.

Der Polizist heißt Joe Martin. „Jemand hat mein Fahrrad gestohlen", sagt Cassius zu Joe Martin. „Es ist rot und hat 60 Dollar gekostet!"
Joe Martin zieht sein Notizbuch heraus. Er schreibt den Namen und die Adresse von Cassius auf. Dann sagt Cassius zu ihm: „Wenn Sie den Dieb fangen, möchte ich ihn gern so richtig verprügeln."

Joe Martin lacht und sagt: „Wenn du das wirklich willst, kann ich dir etwas beibringen."
Cassius schaut den Polizisten erstaunt an.
„Ich bin nicht nur Polizist", sagt Joe Martin.
„Ich bin auch Boxtrainer. Ich habe eine Boxschule."

Am nächsten Tag besucht Cassius die Boxschule von Joe Martin. Cassius traut seinen Augen nicht. Wie kann das sein? Hier trainieren weiße und Schwarze Jungs zusammen! In dieser Boxschule sind weiße und Schwarze Menschen nicht getrennt. Cassius fühlt sich sofort wohl. Und es gefällt ihm dort noch mehr, als klar wird:
Cassius hat Talent.

Dieses Foto stammt aus dem amerikanischen Bürgerkrieg. Ein weißer Soldat aus dem Süden kämpft für die Sklaverei. Der Mann neben ihm heißt Bowie und ist Sklave. Er gehört der Familie des Soldaten. Bowie wird gezwungen, auch für die Sklaverei zu kämpfen. Das heißt, er muss gegen seine eigenen Rechte kämpfen.

Nord gegen Süd – der amerikanische Bürgerkrieg

Seit 1619 werden Männer, Frauen und Kinder aus Afrika entführt und mit dem Schiff in die USA gebracht. Dort müssen sie als Sklaven auf Plantagen arbeiten. Zum Beispiel auf großen Baumwoll-Feldern. Die Sklaven sind das Eigentum der weißen Plantagen-Besitzer. Sie müssen schwer arbeiten und werden oft schlecht behandelt.

1808 wird der Sklaven-Handel verboten. Aber in den USA geht die Sklaverei weiter. Vor allem in den Staaten im Süden. 1861 bricht Krieg aus zwischen dem Norden und dem Süden der USA. Die Staaten im Norden kämpfen gegen die Sklaverei. 1865 gewinnt der Norden den Krieg: Die Sklaverei wird abgeschafft. Aber im Süden werden Schwarze Menschen immer noch schlecht behandelt.

Erst ab 1954 gibt es neue Gesetze gegen die Diskriminierung von Schwarzen. Auch im Süden wird die Diskriminierung von Schwarzen Menschen verboten. Doch das geht nur langsam voran. Deshalb dürfen Schwarze Menschen im Süden zum Beispiel erst ab 1965 zur Wahl gehen.

1960 – Cassius Clay und sein Trainer Joe Martin

2

Boxen

Cassius geht jeden Tag zum Boxen in die Boxschule. Dort schlägt er stundenlang gegen einen schweren Boxsack. Der hängt an einem Haken von der Decke. Er trainiert auch mit einem leichteren Boxball. Er übt verschiedene Techniken. Aber Cassius boxt nicht nur, sondern arbeitet auch an seiner Ausdauer. Mit Seilspringen zum Beispiel. Das ist auch gut für seine „Beinarbeit". Cassius bewegt sich sehr schnell. Nicht nur mit den Füßen, sondern auch mit den Fäusten.

Nach sechs Wochen tritt Cassius bereits zu seinem ersten Wettkampf in der Boxschule an. Er kämpft gegen einen anderen 12-jährigen Jungen.
Beide Jungs wiegen 40 Kilo. Sie tragen dicke Box-Handschuhe, damit sie sich nicht verletzen. Der Wettkampf dauert drei Runden. Eine Runde dauert eine Minute.

Cassius gewinnt den Kampf. Der Kampf wird „nach Punkten" entschieden. Das bedeutet, dass Cassius die meisten Treffer ausgeteilt hat. Er ist überglücklich und ruft: „Ich werde der beste Boxer der Welt, der allerbeste!"

Als er nach Hause kommt, sagt er zu seiner Familie: „Ich werde Weltmeister. Ich werde reich und kaufe euch ein neues Haus und ein Auto."

Cassius hat eine große Klappe. Aber er trainiert auch hart. Mehr als alle anderen. Egal ob Laufen, Seilspringen oder mit dem Boxsack. Cassius raucht nicht und trinkt keinen Alkohol. Dafür isst Cassius viel. Zum Frühstück gibt es Milch und zwei rohe Eier.

Cassius ist ein besonderer Boxer. Sein Trainer Joe Martin sagt später in einem Interview: „Cassius boxt auf eine besondere Art. Er bewegt sich anders als andere Boxer. Er läuft nur auf den Fußspitzen. So, als würde er im Ring tanzen. Und er hat die Hände oft nicht vor dem Gesicht. Er hält sie absichtlich niedrig. Das ist eigentlich gefährlich. Weil er sich so nicht richtig verteidigt. Aber er ist so gut, dass er bei einem Angriff immer schnell genug ausweichen kann."

In der Schule läuft es dagegen nicht so gut. Cassius findet Lesen und Schreiben schwierig. Er denkt die ganze Zeit ans Boxen. Im Mathe-Unterricht zeichnet er. Die Jacke eines Boxers, auf der steht: Weltmeister. Im Juni 1960 schafft Cassius gerade so seinen Schulabschluss. Er hat fast die schlechtesten Noten von allen.

Boxen

Boxen ist ein Kampfsport. Zwei Gegner stehen sich in einem Ring gegenüber. Sie versuchen, den anderen mit den Fäusten zu treffen. Man kann nach Punkten gewinnen. Das ist der Fall, wenn man den Gegner öfter trifft als umgekehrt. Man kann aber auch durch ein KO gewinnen, einen „Knock-Out". Dabei schlägt man den Gegner nieder. Steht der nicht innerhalb von zehn Sekunden auf? Dann ist es ein KO.

Ein Boxkampf besteht aus mehreren Runden. Diese dauern jeweils ein paar Minuten. Ein Kampf zwischen Profis kann 15 Runden dauern. Bei jedem Kampf ist ein Schiedsrichter dabei. Er steht mit den beiden Boxern im Ring und achtet darauf, dass die Regeln eigehalten werden. Mehrere Kampfrichter geben Punkte und entscheiden, wer gewinnt. Die Boxer tragen Box-Handschuhe und einen Zahnschutz.

Im Boxsport gibt es verschiedene Klassen. Dabei entscheidet das Gewicht vom Boxer. Das beginnt beim Super-Fliegengewicht (unter 52 kg) und endet beim Schwergewicht (über 90 kg). Die Schwergewichte ziehen die meiste Aufmerksamkeit auf sich. Denn das sind die stärksten Boxer der Welt.

Cassius will berühmt werden. Ein berühmter Schwarzer Mann!

3

Die Sprüche von Cassius

Der Trainer Joe Martin ist verheiratet mit Christine. Sie fährt Cassius und andere junge Boxer zu Wettkämpfen in anderen Städten. Meistens ist Cassius der einzige Schwarze Boxer im Auto. Christine sagt später in einem Interview: „Wir saßen immer lange im Auto. Ab und zu wollten wir unterwegs etwas essen. Aber damals durfte Cassius als Schwarzer Junge nicht ins Restaurant. Also ging ich allein ins Restaurant und holte Essen für alle. Die Jungs wollten meistens Hamburger. Die aßen wir dann im Auto."

Woran denkt Cassius während der Fahrt? Nicht nur ans Boxen. In einem Interview sagt er später: „In meiner Jugend habe ich gemerkt, dass alle wichtigen Personen weiß sind. Jesus Christus, seine Jünger, Schneewittchen, Miss America, Engel. Sogar Tarzan ist weiß. Der König vom afrikanischen Dschungel!" Cassius will *auch* eine wichtige Person sein. Daran denkt er oft. Aber ist das als Schwarzer Junge möglich?

Und ob! Als 18-Jähriger gewinnt Cassius viele Boxkämpfe. Er gewinnt Amateur-Wettkämpfe und wird immer bekannter. Doch nicht nur das Boxen macht ihn bekannt, sondern auch seine Sprüche.

Cassius fordert vor Wettkämpfen seine Gegner gern mit gereimten Sprüchen heraus. Er sagt dann so etwas wie: „Der Junge hat's bald schwer. In der vierten Runde gibt es ihn nicht mehr." Und tatsächlich schlägt Cassius seinen Gegner in der vierten Runde k.o. Den Menschen von der Presse gefällt das. Alle schreiben über den frechen Cassius.

Auch während des Kampfs versucht Cassius, seinen Gegner zu ärgern. Das geht dann so: Er tänzelt im Ring um den Gegner herum. Dabei weicht er den Schlägen geschickt aus. Das kann er gut, weil er so schnell ist. Und wenn sein Gegner wieder mal daneben schlägt, ruft er: „Das tut ja gar nicht weh!" Und gleichzeitig versetzt er dem Gegner einen Schlag. Das sind oft kurze, harte Stöße. Und wenn Cassius gewinnt, ruft er immer: „I am the greatest – Ich bin der Größte!"

Cassius Clay trainiert hart und gewinnt fast alle Wettkämpfe. Er ist der beste junge Boxer in den USA. Der Box-Verband in den USA ist sich deshalb sicher: Der Junge muss zu den Olympischen Spielen nach Rom.

Die Techniken beim Boxen

1. Der gerade Schlag (auf Englisch „Jab“). Es ist ein kurzer Schlag, meistens mit der schwächeren Hand. Mit dem „Jab“ hält man den Gegner auf Abstand.

2. Der diagonale Schlag (auf Englisch „Cross“). Man schlägt mit der starken Hand schräg nach oben. Der Schlag zielt auf den Oberkörper des Gegners.

3. Beim Haken (auf Englisch „Hook“) holt man seitlich mit dem Arm aus. Ein Haken trifft den Gegner besonders stark. Aber diese Technik zu benutzen ist auch ein großes Risiko. Denn der Gegner kann einen dann leichter treffen. Diesen Gegenangriff nennt man Konter. Der Haken wird oft zusammen mit anderen Schlägen ausgeführt.

4. Der Kinnhaken (auf Englisch „Uppercut“) verläuft von unten nach oben. Es ist eine schnelle, kurze Bewegung mit der linken oder rechten Hand. Ähnlich wie der Haken. Allerdings zielt man beim Kinnhaken auf das Kinn des Gegners.

Kombinationen: Wenn Boxer unterschiedliche Techniken direkt hintereinander benutzen, spricht man von einer Kombination.

1960 – Cassius gewinnt eine Gold-Medaille in Rom.

4

Nach Rom!

Im Sommer 1960 finden die Olympischen Spiele in Rom statt. Und Cassius darf daran teilnehmen. Er tritt in der Klasse Halb-Schwergewicht an.

Joe Martin bespricht die Reise mit Cassius. Cassius hat Angst vor dem Fliegen. „Nein, du kannst nicht mit dem Zug nach Rom", sagt Joe zu ihm. „Du musst mit dem Flugzeug nach Europa."
Schließlich kauft Cassius einen Fallschirm.
In einem Geschäft mit alten Sachen vom Militär.
Mit dem Fallschirm auf dem Rücken setzt er sich ins Flugzeug. Damit erregt er viel Aufmerksamkeit. Cassius *will* diese Aufmerksamkeit. Alle Zeitungen berichten über ihn und seinen Flug nach Rom.

In Rom zeigt sich: Cassius ist gut in Form.
Im ersten Kampf tritt er gegen einen Belgier an. Den schlägt Cassius schon in der zweiten Runde k.o. Danach gewinnt er gegen einen Russen. Und dann gegen einen Australier. Im Endkampf muss er gegen einen Polen boxen. Jetzt kommt es darauf an! Es geht um die Gold-Medaille. Und wie geht es aus? Auch der Pole hat keine Chance gegen Cassius.

Cassius ist unglaublich stolz. Ständig trägt er seine Gold-Medaille um den Hals. Zu Reportern aus den USA sagt er: „Ich lege sie auch beim Schlafen nicht ab. Obwohl ich auf dem Bauch schlafe und das dann unbequem ist. Deshalb liege ich jetzt auf dem Rücken."

Das ist allerdings als Witz gemeint. Und alle Zeitungen schreiben mal wieder über Cassius und seine Sprüche.

Aber in Rom stellen ihm die Reporter auch schwierige Fragen: „Sie kämpfen für die USA. Aber dort dürfen Sie nicht in einem Hotel für Weiße schlafen. Wie fühlt sich das an?"
Cassius überlegt sich seine Antwort. Dann sagt er: „Ich glaube, die USA ist immer noch das beste Land der Welt. Schlaue Leute kümmern sich um dieses Problem. Alles wird gut."

Nach den Olympischen Spielen fliegt Cassius wieder nach Hause. In Louisville warten eine Menge Menschen auf ihn. 25 Autos stehen aufgereiht da, um den Sieger Cassius feierlich zu empfangen. Cassius wird im schönsten Auto nach Hause gefahren. Unterwegs gibt er Autogramme.

Der Vater von Cassius wartet vor dem Haus auf ihn. Er ist überglücklich und singt die Nationalhymne.

Die Treppen vor dem Haus hat der Vater frisch gestrichen. In den Farben von der US-amerikanischen Flagge. Die Mutter hat für Cassius einen Truthahn gebraten. Dann wird gefeiert. Auch wichtige Leute von der Stadtverwaltung sind dabei. Alles weiße Männer.

Doch Cassius merkt schnell, dass seine Medaille nichts ändert an der Rassen-Trennung. Am nächsten Tag will Cassius in einem Restaurant einen Orangensaft bestellen. Doch dann kommt der Chef und sagt: „Wir können Sie nicht bedienen.“ Ein Kellner sagt: „Aber er hat bei Olympia die Gold-Medaille gewonnen!“

„Das ist mir egal“, sagt der Chef. „Raus mit ihm!“

1960 – Wilma Rudolph gewann drei Gold-Medaillen in Rom.
Ihr Spitzname war „die schwarze Gazelle“.

Wilma Rudolph: drei Mal Gold in Rom

Cassius gewinnt bei der Olympiade 1960 in Rom eine Gold-Medaille. Doch es gibt eine Schwarze Frau, die gleich drei Medaillen gewinnt!

Wilma Rudolph (1940-1994) kommt auch aus den USA. Sie gewinnt beim 100-Meter-Lauf und beim 200-Meter-Lauf. Dann gewinnt sie auch noch beim Staffel-Lauf. Dabei läuft eine Mannschaft aus vier Frauen. Sie laufen nacheinander jeweils 100 Meter.

Wilma ist mit Cassius befreundet und erzählt in einem Interview: „Im olympischen Dorf waren alle begeistert von Cassius. Er trug seine Gold-Medaille immer um den Hals. Deshalb nannten wir ihn den Bürgermeister von unserem Dorf.“

Nach Olympia kommt Wilma zu Besuch nach Louisville. Cassius fährt Wilma mit seinem Auto durch die Stadt. Aus dem Auto ruft Cassius laut: „Schaut euch das an, Leute! Hier ist sie! Wilma Rudolph! Sie ist die Beste! Und ich bin Cassius Clay. Ich bin auch der Beste!“ Wilma sagt im Interview dazu: „Mir war das peinlich, aber Cassius nicht. Aus allem machte er eine Show. Auch deswegen waren seine Wettkämpfe alle ausverkauft. Er war gut darin, Werbung für sich zu machen.“

1970 – Cassius und sein Trainer Angelo Dundee.

5

Profi

Cassius möchte mit dem Boxen Geld verdienen. Also muss er Profi-Boxer werden. Dazu braucht er Sponsoren. Und die bekommt er. Weil er so erfolgreich war bei den Olympischen Spielen. Elf reiche, weiße Männer aus Louisville möchten ihn unterstützen. Sie finanzieren seine Karriere. Damit ist Cassius seine Geldsorgen los. Aber er braucht auch noch den passenden Trainer.

Cassius will gerne nach Miami. Zu dem berühmten Trainer Angelo Dundee. Der Trainer nimmt ihn tatsächlich an. Cassius zieht nach Miami, die Hauptstadt von Florida. Dort stürzt Cassius sich ins Training. Als er in Miami ankommt, wiegt er 85 Kilo. Doch durch das schwere Training bekommt er noch mehr Muskeln. Er wiegt bald 90 Kilo.

Sein Trainer Dundee sagt in einem Interview: „Wie schnell er zuschlägt und Schlägen ausweicht ... Das ist unglaublich.“ Dundee gefallen auch die Witze und Reime von Cassius. Denn damit kann er seinen Gegner „verrückt“ machen. Und sie sind eine gute Werbung für Cassius. Immer mehr Menschen kennen den Boxer mit der großen Klappe.

Dundee fallen noch mehr Eigenschaften von Cassius auf:

„Meistens sagen Boxer: Ich boxe, mein Manager redet. Aber Cassius sagt: Hey, das Reden übernehme ich. Ich habe hier das Sagen. Keiner redet an meiner Stelle."

Am 29. Oktober 1960 ist es so weit. Der erste Wettkampf für Cassius als Profi-Boxer steht an. Den gewinnt Cassius mit Leichtigkeit. Von 1960 bis 1963 gewinnt er alle seine 19 Wettkämpfe. Und bei 15 davon schlägt er den Gegner k.o. Oft sagt Cassius voraus, in welcher Runde der Gegner k.o. sein wird. Mit einem Reim. Er sagt immer wieder seinen Sieg voraus. Und er gewinnt dann auch immer.

Cassius zieht damit viel Aufmerksamkeit auf sich. Auch das Fernsehen wird auf ihn aufmerksam. Immer mehr Menschen kaufen sich während dieser Zeit einen eigenen Fernseher. Cassius ist ein geborener Entertainer. Genau richtig fürs Fernsehen! Vor der Kamera sagt Cassius zu den Zuschauern: „Kommen Sie zu meinem nächsten Kampf, denn dann mach ich mal so richtig Dampf!"

Im Juni 1963 tritt Cassius in London gegen Henry Cooper an. Vor dem Kampf sagt er vor den Fernsehkameras: „Aus dem Ring bin ich schnell wieder raus. Denn in Runde fünf ist es für Cooper aus."

Es wird ein schwerer Kampf. In der vierten Runde trifft Cooper Cassius mit einem linken Haken. Cassius liegt einige Sekunden am Boden. Doch dann ist er wieder auf den Beinen. Er schlägt Cooper ein paar Mal hart ins Gesicht. In der fünften Runde muss Cooper aufhören. Und so gewinnt Cassius tatsächlich in der fünften Runde. Genau wie er es vorhergesagt hat.

Nach dem Kampf drängen sich die Reporter um Cassius. Sie fragen nach dem Haken von Cooper. Cassius antwortet ihnen: „Ach, ich hab kurz nicht aufgepasst. Liz Taylor saß in der ersten Reihe. Das hat mich abgelenkt."

Dem fügt er noch hinzu: „Ich will jetzt schnell Weltmeister im Schwergewicht werden. Deshalb will ich gegen den jetzigen Weltmeister antreten. Das ist Sonny Liston. Dieser große, hässliche Bär. Ich werde ihn besiegen!"

Cassius ist besonders gut im Ducken und Ausweichen. Er ist blitzschnell.

Ducken und ausweichen

Beim Boxen ist die Verteidigung wichtig. Damit kann man Schläge vom Gegner abwehren. Dazu hält man die Hände mit den Handschuhen vors Gesicht.

Aber das ist genau das, was Cassius nicht macht. Er hält seine Hände oft niedrig. Mit Absicht. Dadurch fordert er seine Gegner heraus. Er will damit sagen: Na los, schlag zu! Doch das geht nur, weil Cassius sich sehr schnell ducken kann. Ist man zu langsam und hält die Hände niedrig? Dann hat der Gegner leichtes Spiel.

Cassius ist besonders gut im Ducken und Ausweichen. Auf Englisch spricht man von „Bob and weave“. Auch das „Rolling“ beherrscht er gut. Das funktioniert so: Man drückt die Handschuhe gegen die Stirn. Die Ellbogen sind nahe am Körper. Das Kinn drückt man nach unten, zur Brust. Die meisten Schläge fängt man dann mit den Box-Handschuhen und Unterarmen ab.

Cassius Clay und Sonny Liston boxen gegeneinander.

6

Weltmeister

Es gibt gute Nachrichten für Cassius. Der Box-Verband in den USA hat zugestimmt: Er darf gegen den Weltmeister im Schwergewicht Sonny Liston boxen. Der Wettkampf findet am 25. Februar 1964 in Miami statt. Cassius Clay ist 22 Jahre alt. Sonny Liston ist 31. Sonny Liston ist stark und hat viel Erfahrung. Außerdem boxt er besonders aggressiv. Oft schlägt er seinen Gegner schon in der ersten Runde k.o.

Beide Boxer geben vor dem Kampf ein Interview. „Wenn ich ihm mit der linken Faust aufs Maul haue, brauche ich eine Woche, bis ich meine Hand wieder rausbekomme", sagt Sonny Liston.

„Ich sehe viel besser aus als Sonny", sagt Cassius. „Ich bin so schön wie ein Mädchen. Und er ist ein großer, hässlicher Bär. Wissen Sie, was ich tun werde? In den ersten fünf Runden umkreise ich den großen, hässlichen Bär. Und wenn ich ihn dann k.o. geschlagen habe, kommt er in den Zoo."

Ein Satz von Cassius wird weltberühmt: „Ich schwebe wie ein Schmetterling und steche wie eine Biene." Und genau das ist seine Art zu boxen.

Cassius tänzelt durch den Ring und teilt dann überraschend Schläge aus.

Die meisten Reporter halten Cassius für einen Angeber. Und sie schreiben, dass er gegen Sonny Liston schlechte Chancen hat. Die Reporter schreiben auch darüber, wie Cassius nach dem harten Haken von Cooper ein paar Sekunden auf dem Boden lag. Sonny Liston schlägt noch viel härter zu als Cooper. Die Reporter glauben deshalb, dass Cassius verlieren wird.

Die Glocke läutet die erste Runde ein. Sonny greift sofort an. Er versucht, Cassius zu Boden zu schlagen. Aber das gelingt ihm nicht. Cassius weicht ihm immer wieder schnell aus. Sonny schlägt ins Leere. Er bekommt Cassius nicht zu fassen. Der tanzt um seinen Gegner herum. Und teilt Schläge aus, die seinen Gegner unerwartet treffen. Zack, getroffen! Zack, und nochmal getroffen! Schon bald fängt Sonnys Nase an zu bluten. Eine Wunde unter dem Auge blutet auch.

Immer wieder landet Cassius gezielte Schläge. Danach duckt er sich schnell. Sonny schlägt oft daneben und wird müde. Nach sechs Runden kann er nicht mehr. Cassius schlägt weiter auf ihn ein.

Vor allem zielt er auf die Nase und das blutende Auge von Sonny. Nach der siebten Runde gibt Sonny Liston auf. Er bleibt auf dem Hocker in seiner Ecke sitzen. Er hat Schmerzen in der Schulter, sagt er.

Alle sehen aber, dass Cassius für ihn viel zu schnell und zu stark ist. Sonny will sich nicht länger lächerlich machen. Er kämpft nicht mehr weiter.

Cassius reißt die Arme in die Luft und brüllt: „I am the greatest – Ich bin der Größte!“ Vor den Fernsehkameras sagt er: „Ich habe es doch gesagt: Ich bin der Allerbeste. Ich bin der König der Welt!“

Den Reportern in der Nähe vom Ring ruft er zu: „Ihr müsst zurücknehmen, was ihr gesagt habt! Ihr habt keine Ahnung vom Boxen! Ich bin besser als Liston. Ich bin besser als alle anderen. Ich bin der Beste der Welt!“

STECKBRIEF

Name: Sonny Liston

Spitzname: Der große Bär

Größe: 1,85 m

Gewicht: 99 kg

HB 0123456789

KÄMPFE INSGESAMT:	SIEGE:
54	50
NIEDERLAGEN	**KNOCK-OUTS:**
4	39

Sonny Liston

Sonny Liston (1932-1970) stammt aus einer armen, Schwarzen Familie. Sein Vater schlägt ihn. Vielleicht will er deshalb Boxer werden. Damit er sich wehren kann. Sein Spitzname ist „der große Bär" (auf Englisch „The Big Bear"). 1962 wird er Weltmeister: Schon in der ersten Runde schlägt er Floyd Patterson k.o.

Liston schlägt viele Boxer gleich in der ersten Runde k.o. Er kann sehr harte Schläge austeilen. Und er kennt keine Gnade für seine Gegner. Doch 1964 verliert er seinen Weltmeister-Titel an Cassius Clay. Danach wird Liston heroinsüchtig. Er hat auch Feinde bei der Mafia. 1970 stirbt er in seinem Haus in Las Vegas.

Wurde er von der Mafia ermordet? Oder ist er an einer Überdosis Heroin gestorben? Das ist bis heute nicht geklärt. Sonny Liston wird einmal gefragt, wer sein größter Gegner ist. Darauf antwortet er: „Ich selbst. Schon immer."

1966 – Ali trifft Elijah Muhammad. Der leitet die Gruppe „Nation of Islam“.

7

Cassius Clay wird Muhammad Ali

Im Ring ist Cassius der Beste. Dort weiß er genau, was er tun muss. Aber außerhalb vom Ring ist das etwas anderes. Als Schwarzer in den USA hat er es nach wie vor schwer. Seine Familie ist christlich. Aber Cassius hilft die Religion nicht. Dann begegnet er Elijah Muhammad. Elijah ist der Anführer von der „Nation of Islam". Das ist eine Bewegung von Schwarzen Muslimen. Elijah hat viele extreme Ideen, wie es mit der Schwarzen Bevölkerung in den USA weitergehen soll.

Elijah sagt zum Beispiel: „Weißen Menschen darf man nicht vertrauen. Denn Weiße sind Teufel! Schwarz ist gut, Schwarz ist wunderbar. Schwarze Menschen sind besser als weiße. Lasst uns ein eigenes Land gründen, wo nur Schwarze wohnen dürfen." Cassius ist von Elijahs Ideen begeistert. Er nimmt den Islam als Religion an und tritt der „Nation of Islam" bei.

Am 6. März 1964 gibt Elijah Cassius einen anderen Namen. Von jetzt an heißt er Muhammad Ali. Cassius wollte das selbst so. Aber warum?

Den Reportern sagt er dazu: „Die Namen von Schwarzen Amerikanern sind nicht ihre echten Namen. Das sind Sklavennamen. Der weiße Besitzer von meinem Ur-Großvater gab ihm den Namen Clay. Und mein Ur-Großvater gab den Namen an meinen Großvater und Vater weiter. Ich will, dass das aufhört."

Muhammad Ali bekommt Streit mit seiner Familie. Wegen dem neuen Namen. Sein Vater sagt zu ihm: „Ich werde meinen Namen nicht ändern."
Und seine Mutter meint: „Die Schwarzen Muslime mögen mich nicht. Weil ich eine helle Haut habe."
Auch mit seiner ersten Frau bekommt Ali Streit deswegen. Im August 1964 heiratete er Sonji Roi. Sie ist eine Schwarze Kellnerin und Sängerin. Sie sagt zu ihm: „Ich möchte mich nicht wie eine muslimische Frau kleiden. Der Islam ... Das geht einfach nicht." Nach zwei Jahren Ehe trennen sich die beiden.

Doch sein Bruder Rudy ist auf seiner Seite. Rudy wird auch Mitglied von den „Schwarzen Muslimen". Das ist die deutsche Übersetzung von dem Namen „Nation of Islam". Rudy nimmt den Namen Rahaman Ali an.

Mit Humor gegen Rassismus

Rassismus ist etwas Schlimmes. Trotzdem kann Muhammad Ali dem manchmal mit Humor begegnen. Er sagt zum Beispiel zu einem weißen Reporter: „Schwarz ist am besten. Das sieht man zum Beispiel am Brot. Je dunkler das Brot, desto besser und gesünder ist es. Oder Kaffee. Schwarzer Kaffee ist am stärksten und schmeckt am besten. Aber schwarzer Kaffee wird wässrig, wenn man Milch dazu gießt. Genauso bei Rohrzucker. Der dunkelste Rohrzucker ist sowieso der beste. Oder bei Beeren. Je dunkler die Beeren sind, desto süßer sind sie. Bei schwarzer Erde ist es ähnlich. Sie ist am fruchtbarsten. Gemüse wächst am besten in schwarzer Erde. Also ist Schwarz das Beste.“

1965 – Ali und Liston kämpfen wieder gegeneinander im Ring.

8

Der schnellste Schlag

Sonny Liston will Rache. Und er will wieder Weltmeister werden. Am 25. Mai 1965 findet ein neuer Kampf statt. Liston kämpft erneut gegen den Mann, der jetzt Muhammad Ali heißt. Liston hat besonders viel und hart trainiert. Er will nur eins: Ali k.o. schlagen.

Aber der Kampf verläuft ganz anders. Mit einem rechten Hieb schlägt Ali seinen Gegner schon in der ersten Runde k.o. Der schnelle, kurze Schlag trifft Sonny Liston am Kopf. Viele Zuschauer bekommen das nicht mal mit. Denn Muhammad Ali schlägt blitzschnell zu.

Erst bei der Wiederholung im Fernsehen sieht man gut, was passiert. In der Zeitlupe sieht man, wie Liston unvorsichtig auf Ali zuläuft. Genau in dem Moment schlägt Ali zu. Es geht so schnell, dass man es tatsächlich fast übersieht. Deshalb wird dieser Schlag auch der „Phantom-Schlag“ genannt.
Sonny Liston liegt am Boden. Ali beugt sich über ihn. „Steh auf!“, schreit er. Dann bringt ihn der Schiedsrichter in seine eigene Ecke.

Sonny Liston steht nicht mehr auf. Muhammad Ali reckt die Arme hoch in die Luft. Er hat gewonnen! Ali bleibt Weltmeister im Schwergewicht.

In den USA ist Boxen ein sehr beliebter Sport. Doch Ali ist nicht mehr so beliebt wie früher. Weil er jetzt zu den Schwarzen Muslimen gehört. Und die fordern ein eigenes Land. Ein Land, in dem nur Schwarze wohnen dürfen. Gegner der Schwarzen Muslime sagen deshalb, Ali sei kein richtiger Amerikaner.

Am 22. November 1965 muss Ali seinen Weltmeister-Titel verteidigen. Dieses Mal kämpft er gegen den Schwarzen Floyd Patterson. Der war früher Weltmeister. Patterson ist Christ und ein stolzer Amerikaner. Er sagt: „Ich bringe den Weltmeister-Titel wieder in die USA." Aber in der zwölften Runde ist Patterson k.o. Er liegt am Boden. Und alle hören, was Ali ihm zuruft: „Komm schon, Amerikaner! Komm schon, weißer Amerikaner!"

Stolz

Von Muhammad Ali gibt es Tausende von Fotos. Er lässt sich gern und oft fotografieren. Er ist stolz auf seine Muskeln und sein gutes Aussehen.

Für die Fotos nimmt Ali verschiedene Haltungen ein und lässt dabei seine Muskeln spielen. Oder er tänzelt, wie im Ring. Dabei macht er ein böses Gesicht. Doch Ali steht meistens lächelnd vor der Kamera. Zum Beispiel, wenn er auf einem großen Stapel Geld sitzt!

Auf dem berühmtesten Foto sieht man Ali nach dem berühmten schnellen Schlag gegen Liston. Es ist ein sehr schönes Foto. Denn darauf ist Ali als gutaussehender, starker, junger Boxer abgebildet. Liston liegt auf dem Boden und Ali schreit: „Steh auf!" Doch Liston bleibt liegen.

Besiegt vom besten Boxer der Welt.

Ali soll als Soldat im Vietnam-Krieg kämpfen. Doch er weigert sich.

9

Ali und Vietnam

Anfang 1966 gibt es große Neuigkeiten über Ali. Der Weltmeister im Boxen muss zum Militär. Obwohl er beim Einstellungstest durchgefallen ist. Zu diesem Test gehörte ein Intelligenztest. Und den bestand Ali nicht. Zwei Jahre später will man Ali doch noch als Soldat haben. Warum? Weil zu wenig Soldaten da sind, für den Krieg in Vietnam.

Ali soll also nach Vietnam und für die USA kämpfen. Die USA führen dort seit August 1964 Krieg. Aber Ali will nicht nach Vietnam. Zur Presse sagt er: „Warum muss ich weit weg und dort gegen Schwarze Menschen kämpfen? Während in den USA Schwarze Menschen wie Tiere behandelt werden." Außerdem sagt er: „Ich bin Moslem. Krieg ist gegen die Lehre vom Koran. Und der Koran ist unser heiliges Buch. Ich darf nur Krieg führen, wenn Allah oder der heilige Prophet dazu aufrufen."

Jetzt sind noch mehr Menschen in den USA wütend auf Ali. Aber er bekommt auch viel Unterstützung. Vor allem junge, Schwarze Amerikaner sind auf seiner Seite. Und auch weiße Amerikaner, die den Krieg in Vietnam nicht wollen.

Im Krieg wirft die USA viele Bomben über Nordvietnam ab.

Die USA in Vietnam

Vietnam ist ein Land im Südosten von Asien. In der Nähe von China. Seit dem Bürgerkrieg von 1954 ist Vietnam geteilt: in Nord- und Südvietnam.

Im Norden herrschen die Kommunisten. Sie wollen eine Gesellschaft, in der alle gleich sind. Deshalb nimmt die kommunistische Partei allen Reichen ihren Besitz weg. Doch eine gerechte Gesellschaft erreicht die Partei dadurch nicht. Denn die Partei besitzt die ganze Macht. Auch in Südvietnam herrscht eine kleine Gruppe: das Militär.

Zwischen dem Süden und dem Norden bricht 1963 Krieg aus. Die USA unterstützen den Süden. Denn die USA hat Angst vor dem Kommunismus. Doch schon bald kehren sich Menschen weltweit gegen die USA. Vor allem wegen den vielen Bomben über Nordvietnam. Auch in den USA sind immer mehr Menschen gegen den Krieg. 1973 verlassen alle amerikanischen Soldaten endlich Vietnam.

Ernie Terrell (links) und Muhammad Ali (rechts) vor dem Kampf in Texas.

10

Kein Weltmeister mehr

Ali weigert sich, für die USA in den Krieg zu ziehen. Viele Amerikaner nehmen ihm das übel. In den USA ist er deshalb an vielen Orten nicht mehr willkommen. Deshalb boxt er oft im Ausland. Am 29. März 1966 hat er einen Wettkampf in Kanada. Im selben Jahr boxt er auch in England und Deutschland. Er gewinnt immer und bleibt Weltmeister.

Im November 1966 darf Ali im US-Bundesstaat Texas kämpfen. Dort liefert er sich einen tollen Kampf mit Cleveland Williams. Was Ali mit seinen Füßen macht, kann keiner. Dieser „Tanz" hat inzwischen einen Namen: der „Ali Shuffle". Schon nach drei Runden gibt der starke Cleveland Williams auf. Ali verpasst ihm in diesen drei Runden über 100 Schläge.

Am 6. Februar 1967 boxt Ali in Texas gegen Ernie Terrell. Terrell nennt Ali immer noch bei seinem alten „Sklavennamen" Cassius Clay. Ali ist wütend. Er beschimpft Terrell und nennt ihn „Onkel Tom". Das ist die Hauptfigur aus einem berühmten Buch gegen die Sklaverei.

Mit „Onkel Tom" meint Ali einen Schwarzen Mann, der sich gegenüber Weißen freiwillig wie ein Sklave verhält.

Im Ring könnte Ali Terrell einfach k.o. schlagen. Aber er tut es nicht – um Terrell zu bestrafen. So kann er Terrell noch mehr Schläge verpassen. In 13 von 15 Runden ist Ali viel stärker, finden die Kampf-Richter. Als Ali seinem Gegner wieder einen Hieb verpasst, ruft er: „Wie heiße ich, Onkel Tom? Wie heiße ich?"

Ali gewinnt auch diesen merkwürdigen Kampf. Er freut sich über den Sieg. Doch die Freude ist schnell vorbei. Denn die Sport-Kommission in New York entzieht Ali die Box-Lizenz. Weil er den Dienst als Soldat verweigert hat. Ali darf drei Jahre lang nicht mehr boxen. Und er verliert seinen Titel als Weltmeister im Schwergewicht. Muhammad Ali ist kein Weltmeister mehr.

Und das ist noch nicht alles. Am 20. Juni 1967 kommt der nächste Schlag. Ein Gericht in Texas urteilt: Ali ist schuldig, weil er den weil er den Militär-Dienst verweigert verweigert hat. Er bekommt eine Gefängnisstrafe von fünf Jahren. Und muss 10.000 Dollar Strafe zahlen.

Doch Ali hat kluge Anwälte. Sie klagen sofort gegen das Urteil. Deshalb braucht Ali nicht ins Gefängnis. Die Strafe kann er ohne Probleme zahlen. Denn Ali ist ein reicher Mann.

Aber das Berufsverbot gilt weiterhin. Ali darf drei Jahre nicht boxen. Das macht ihn furchtbar wütend. Ali mischt sich immer öfter in die Politik ein. Er und sein religiöser Führer Elijah halten Reden vor großen Gruppen von Schwarzen Menschen. Der Vietnam-Krieg muss aufhören, sagen sie. Und Schwarze müssen stolz sein auf sich selbst. Sie sollen keine Weißen heiraten. Sie müssen ein eigenes Land bekommen. Ein Land, in dem Weiße nicht wohnen dürfen.

STECKBRIEF

Name: Ernie Terrell

Größe: 1,98 m

Gewicht: 95 kg

RB 0123456789

KÄMPFE INSGESAMT:	**SIEGE:**
55	46
NIEDERLAGEN	**KNOCK-OUTS:**
9	21

Ernie Terrell (1939-2014)

Der Boxer Ernie Terrell (1939-2014) ist vor allem durch den Kampf gegen Muhammad Ali bekannt. Der Kampf, in dem Ali ihn „Onkel Tom“ nennt. Dieser berühmte Kampf findet 1967 in Houston statt. Das ist die Hauptstadt von Texas. 37.000 Zuschauer kommen zu dem Wettkampf.

Niemals zuvor sind so viele Menschen in eine Arena gekommen, um sich einen Box-Wettkampf anzuschauen. Kurz nach dem Kampf sagt Ernie Terrell: „Ich habe Ali irrtümlich Cassius Clay genannt.“ Doch später gibt er zu: „Ich habe es mit Absicht getan. Ich wollte ihm eins auswischen.“

Doch Ernie Terrell zahlt einen hohen Preis dafür. Er hat im Kampf zu viele Schläge abbekommen. Danach konnte er nie wieder gut boxen. Sein linkes Auge wurde bei dem Kampf gegen Ali so verletzt, dass er alles nur noch doppelt sehen konnte. Ernie Terrell wurde später Musik-Produzent und Sänger.

Muhammad Ali und Joe Frazier beim „Kampf des Jahrhunderts"

11

Der Kampf des Jahrhunderts

Nach drei Jahren darf Ali endlich wieder boxen. Das entscheidet das oberste Gericht von New York am 11. September 1970. Das Gericht sagt: „Ali bekommt seine Box-Lizenz wieder. Es war nicht gerecht, sie ihm wegzunehmen.“

Es gibt im nächsten Jahr noch mehr gute Nachrichten für Ali. 1971 sagen die Richter in den USA: „Ali hatte das Recht, den Militär-Dienst zu verweigern. Denn Religion ist sehr wichtig für ihn. Die Regeln vom Islam verbieten ihm, als Soldat für die USA zu kämpfen.“

Ali hat also seine Lizenz wieder. Natürlich will er sofort wieder boxen. Am liebsten gegen Joe Frazier. Joe wurde Weltmeister, als Ali nicht boxen durfte. „Frazier ist nicht der echte Weltmeister“, meint Ali. „*Ich* bin der echte Weltmeister.“

Am 8. März 1971 ist es so weit. Ali kämpft gegen Frazier in New York. Der Kampf wird „Der Kampf des Jahrhunderts“ genannt. Die beiden Boxer bekommen dafür jeweils 2,5 Millionen Dollar.

Die ganze Welt redet über diesen Boxkampf. Alle wollen das Comeback von Ali miterleben. Ist er immer noch so gut? Ist er noch genauso schnell? Kann er noch so tänzeln wie früher? Auf der ganzen Welt sitzen die Menschen gespannt vor dem Fernseher. Insgesamt schauen 300 Millionen Menschen zu.

Die Glocke läutet die erste Runde ein. Und Ali fängt an zu tänzeln wie früher. Der „Ali Shuffle"! Er redet auch wieder auf seinen Gegner ein. Einmal nennt er Frazier sogar „Gorilla". Ali ist in den ersten drei Runden besser als Frazier. Aber dann hört er auf zu tänzeln. Ist er vielleicht müde?

Bis zur elften Runde sind beide gleich stark. Aber in Runde 15 verpasst Frazier Ali einen linken Haken gegen den Kopf. Ali sinkt zu Boden. Er bleibt vier Sekunden liegen. Dann steht Ali wieder auf. Doch er wurde schwer getroffen. Und was ist mit seinem Kiefer passiert? Er sitzt irgendwie schief. Ist er gebrochen?

Joe Frazier schlägt weiter drauflos. Nach der 15. Runde ist der Kampf vorbei. Und die Kampf-Richter sind sich einig: Joe Frazier hat gewonnen. Er bleibt also weiterhin Weltmeister.

Ali hat zum ersten Mal einen Profi-Wettkampf verloren. Und er muss ins Krankenhaus. Wegen seinem Kiefer. Zum Glück ist er nicht gebrochen.

Ali fängt schnell wieder an mit dem Boxen. Er muss jetzt die nächsten Kämpfe gewinnen. Nur dann kann er wieder gegen Joe Frazier antreten. Ali will unbedingt wieder Weltmeister werden. Nach seiner Niederlage gegen Frazier gewinnt Ali 13 Kämpfe nacheinander. So tritt Muhammad Ali zum Beispiel am 26. Dezember 1971 gegen Jürgen Blin an. Jürgen Blin war ein deutscher Boxer.

Im Januar 1974 darf Ali dann wieder gegen Joe Frazier antreten. Joe Frazier musste davor schon seinen Titel als Weltmeister abgeben. Denn er verlor gegen George Foreman. Der ist jetzt Weltmeister. Auch Alis zweiter Kampf gegen Frazier findet in New York statt. Es geht nicht um den Titel als Weltmeister. Dennoch ist der Kampf wichtig. Der Sieger tritt nämlich gegen den Weltmeister Foreman an. Außerdem will sich Ali an Frazier rächen.

Und Ali tut, was er immer getan hat: reden und zuschlagen. Nach zwölf Runden gewinnt Ali.

Der Deutsche Jürgen Blin (links) tritt 1971 gegen Ali an.

Jürgen Blin gegen Muhammad Ali

Jürgen Blin wird am 24. April 1943 auf der Insel Fehmarn geboren. Anfang der 1970er-Jahre galt er als bester Profi-Boxer von Deutschland. Neben Karl Mildenberger ist Blin der einzige Deutsche, der je gegen Ali kämpft. Blin wird 1972 Europameister im Schwergewicht.

Das ist sein größter Erfolg. Er gewinnt im Endkampf gegen den Spanier José Manuel Ibar im Juni 1972. Doch sein bekanntester Kampf findet am 26. Dezember 1971 statt: Er trifft in Zürich auf Muhammad Ali. Blin verliert durch K.o. in der siebten Runde. Er erinnert sich an die siebte Runde: „Ich wollte gegen Ali gewinnen. Aber ich hatte keine Chance.“

1974 – Rumble in the Jungle

12

Rumble in the Jungle

Ali tritt gegen den Weltmeister George Foreman an. Denn er will erneut Weltmeister werden. Und er will viel Geld verdienen, genau wie Foreman.

Deshalb redet Ali mit Don King. Der organisiert große Box-Wettkämpfe. Don King meint: „In den USA gibt es nicht genug Geld für den Kampf.“ Er hat eine andere Idee: „Afrika ist besser.“

Im März 1974 gelingt es Don King: Der Kampf findet in Afrika statt. In Kinshasa. Heute ist das die Hauptstadt von Kongo. Damals hieß das Land noch Zaire. Ali und Foreman bekommen beide fünf Millionen Dollar. Natürlich verdient Don King auch viel Geld an dem Kampf. Alle Kosten übernimmt Mobutu. Mobutu regiert in Zaire. Der Kampf wird „Rumble in the Jungle“ genannt. Das bedeutet auf Deutsch: die Schlägerei im Dschungel.

Am 30. Oktober 1974 ist es so weit. Der Kampf beginnt. Die Glocke läutet die erste Runde ein. Ali benutzt eine ungewöhnliche Technik. Damit überrascht er Foreman. Meistens machen Boxer Kombinationen mit beiden Händen. Erst ein Schlag mit links und dann sofort einer mit rechts.

Doch Ali teilt gegen Foreman nur Schläge mit rechts aus. Er bricht immer wieder durch die Verteidigung von Foreman. Aber auch Ali muss viele Treffer einstecken.

In der zweiten Runde ändert Ali seinen Plan. Jetzt geht er vor allem in die Verteidigung. Er lässt sich mit dem Rücken in die Seile fallen. Alle Schläge von Foreman wehrt er mit den Armen ab. Oder er weicht ihnen aus. Warum macht er das? Ist Ali vielleicht müde? Nein, Ali ist schlau. Das viele Schlagen ermüdet Foreman. Und Foreman holt keine Punkte. Denn seine Schläge verfehlen ihr Ziel.

In den nächsten Runden ändert Ali seinen Plan. Er greift jetzt an. Ali tänzelt um den erschöpften Foreman herum. Seine Schläge zielen immer auf den Kopf. Das Gesicht von Foreman schwillt an. Durch die Schwellungen sind seine Augen halb geschlossen. Die Zuschauer feuern Ali an. Tausende von Menschen rufen seinen Namen: „Ali! Ali! Ali!“ Und Ali ärgert Foreman: „Schlag härter zu! Schlag zu!“

In der achten Runde ist es auf einmal vorbei. Ali landet einige harte Treffer. Foreman läuft wie benommen durch den Ring. Dann fällt er um und liegt auf dem Rücken. Der Schiedsrichter zählt bis zehn. Ali wirft die Fäuste in die Luft. Er ist wieder Weltmeister!

Big George

George Foreman (geboren 1949) wächst im US-Bundesstaat Texas auf. 1968 gewinnt er Gold bei den Olympischen Spielen in Mexiko. Danach wird er Profi-Boxer und bekommt den Spitznamen „Big George". Er ist nämlich 1,92 Meter groß und wiegt 118 Kilo. 1973 besiegt er Joe Frazier und wird neuer Weltmeister.

Die Niederlage gegen Ali beim „Rumble in the Jungle" schmerzt George Foreman sehr. Nach der Niederlage ist er ein ganzes Jahr lang depressiv. Als er dann noch einmal verliert, hört er mit dem Boxen auf. Er wird ein gläubiger Christ. Später wird er sogar Pastor und hat eine eigene Kirche. Aber er wird auch Geschäftsmann. Er verkauft elektrische Tisch-Grills. Damit hat er großen Erfolg. 1994 gibt es ein Comeback: Foreman boxt wieder. Mit 45 Jahren wird er erneut Weltmeister. Drei Jahre später hört er endgültig mit dem Boxen auf. Er ist immer noch Pastor.

Kämpfe insgesamt: 81
Siege: 76
Niederlagen: 5
Knock-outs: 68

1975 – Ali macht Grimassen vor dem Kampf „Thrilla in Manilla“.

13

Zum dritten Mal Joe Frazier

Am 25. Februar 1975 stirbt Elijah, der Gründer von der „Nation of Islam“. Ali verlässt die Gruppe sofort nach Elijahs Tod. Er bleibt trotzdem Muslim. Ali gehört ab jetzt zu den Sunniten. Das ist im Islam die größte Gruppe von Gläubigen.

Zu Reportern sagt er: „Ich hatte Unrecht. Weiße Menschen sind keine Teufel. Die Hautfarbe macht einen Menschen nicht zum Teufel. Es geht um Herz und Seele. Und ein eigenes Land nur für Schwarze ist auch nicht gut. Wir müssen als Brüder und Schwestern zusammenleben.“

Die Reporter fragen ihn: „Tut es Ihnen leid, dass Sie Elijah geglaubt haben?“

„Nein“, antwortet Ali. „Elijah gab uns das Gefühl, dass es gut ist, Schwarz zu sein. Er wollte uns helfen, uns Selbstvertrauen geben, damit wir uns selbst respektieren. Das war sehr wichtig.“

Nach Elijahs Tod boxt Ali wieder gegen Joe Frazier. Zum dritten Mal. Der Kampf findet in Manila auf den Philippinen statt.

Don King hat auch diesen Kampf organisiert. Er nennt ihn „Thrilla in Manilla", der Krimi in Manila. Der Kampf wird tatsächlich sehr spannend.

Joe Frazier sagt kurz vor dem Kampf: „Ich will Ali nicht k.o. schlagen. Ich will ihm weh tun. Ich will ihn fertigmachen. Das ist es, was ich will." Frazier meint das ernst. Das sieht man ihm deutlich an. Er kann Ali nicht leiden. Auch weil Ali ihn immer wieder „Gorilla" nennt. Und natürlich möchte Frazier wieder Weltmeister werden.

Für Ali fängt der Kampf gut an. Er teilt viele Schläge aus. Aber in der sechsten Runde landet Frazier ein paar gezielte Treffer. Das bringt Ali in Schwierigkeiten. Er muss sich immer wieder am Rand vom Ring abstützen. Dort wehrt er die Schläge mit den Armen ab oder weicht ihnen aus. Wie gegen George Foreman. Doch dieser Trick funktioniert bei Frazier nicht. Der bricht nämlich durch Alis Verteidigung.

Deshalb fängt Ali an zu tänzeln, wie früher. Das funktioniert viel besser. In der zehnten Runde trifft er Frazier voll ins Gesicht. Und in der 13. Runde schlägt er Frazier den Zahnschutz aus dem Mund. Der Zahnschutz fliegt ins Publikum.

Der Trainer von Frazier will den Kampf beenden. Er hat Angst, dass Ali Frazier ernsthaft verletzt. Doch Frazier gibt nicht auf. Er will weitermachen! In der 14. Runde gibt er noch einmal alles. Doch dann wirft der Trainer von Frazier das Handtuch in den Ring. Das ist das Zeichen dafür, dass der Kampf beendet werden muss. Ali wird zum Sieger erklärt. Aber nach dem Kampf macht Ali keine großen Sprüche wie sonst. „Frazier hat gut gekämpft“, sagt Ali. „Ich habe Respekt vor ihm.“ Frazier sagt nichts. Er hat viel einstecken müssen. Frazier boxt später noch in zwei weiteren Wettkämpfen. Danach hört er mit dem Boxen ganz auf.

1976 siegt Ali in vier Wettkämpfen. Im Februar schlägt er den Belgier Jean-Pierre Coopman k.o. Der Spitzname von Coopman ist „Löwe von Flandern“. Doch Ali sagt kurz vor dem Wettkampf: „Löwe? Er ist doch nur ein kleines Kätzchen.“ Ali besiegt in diesem Jahr noch drei andere Boxer. Aber Experten sagen: Ali ist nicht mehr so stark wie früher.

Auch Alis Arzt sieht, dass Ali nachlässt. Der Arzt rät Ali: „Hör auf mit dem Boxen. Du bekommst zu viele Schläge ab. Das ist gefährlich für deine Gesundheit.“ Doch Ali hört nicht auf ihn.

Der Boxer Joe Frazier ist berühmt für seinen linken Haken.

Joe Frazier

Joe Frazier (1944-2011) stammt aus einer armen, Schwarzen Familie. Seine Eltern müssen Baumwolle auf einer Plantage pflücken. Als Kind bastelt er sich selbst einen Boxsack und hängt ihn an einen Baum. Jeden Tag schlägt er eine Stunde lang auf den Boxsack ein. Er hat keine Handschuhe. Deshalb bindet er sich alte Strümpfe von seinen Schwestern um die Hände. Mit 16 Jahren geht Joe in die Großstadt Philadelphia. Dort arbeitet er in einem Schlachthof. Er boxt gegen das Fleisch an den Haken wie gegen einen Boxsack. Er trainiert hart und macht seinen Traum wahr: Er wird Profi-Boxer und später sogar Weltmeister. Sein linker Haken ist besonders gefürchtet. Damit schlägt er die meisten Gegner k.o. Nach seiner Karriere als Boxer wird er Trainer. 2011 stirbt Frazier an Krebs. In Philadelphia wird später eine Statue für ihn errichtet. Und auf seinem Grab ist er als Boxer abgebildet.

Kämpfe insgesamt: 37
Siege: 32
Knock-outs: 27
Unentschieden: 1
Niederlagen: 4

1980 – Ali verliert gegen den Weltmeister Larry Holmes.

14

Aus für Ali?

Ali hört nicht auf seinen Arzt. Er boxt weiter. Anfang 1978 verliert er seinen Weltmeister-Titel an Leon Spinks. Der besiegt ihn nach 15 Runden in Las Vegas. Doch Ende 1978 rächt sich Ali. Nach 15 Runden besiegt er Spinks. Und so erobert Ali wieder den Weltmeister-Titel. Zum dritten Mal.

Das ist eine gewaltige Leistung. Das finden auch die Einwohner von Louisville, die Heimatstadt von Ali. Eine Straße wird nach ihm benannt: der Muhammad Ali Boulevard.

1979 beendet Ali seine Karriere als Boxer. Er gibt auch seinen Titel als Weltmeister ab. Und so wird Larry Holmes der neue Weltmeister im Schwergewicht. Doch dann kommt Muhammad Ali überraschend zurück. Auf einmal will Ali gegen Larry Holmes boxen! Er will zum vierten Mal Weltmeister werden. Don King organisiert erneut den Kampf.

Warum macht Ali das? Er braucht Geld. Als bester Boxer der Welt hat er Millionen verdient. Doch jetzt ist sein Geld weg. Betrüger und falsche Freunde haben Ali bestohlen.

Aber Ali vermisst auch die Wettkämpfe. Und die Aufmerksamkeit noch mehr. Ali steigt also wieder in den Ring. Am 2. Oktober 1980 kämpft er gegen Larry Holmes. In der elften Runde wird der Wettkampf beendet, da Ali zu viele Schläge abbekommt. Ali will eigentlich weitermachen. Doch sein Trainer Dundee ist dagegen. Er wirft das Handtuch und beendet damit den Kampf vorzeitig.

Nach dem Kampf wird Ali im Krankenhaus untersucht. Es sieht nicht gut aus. Ali kann kaum sprechen. Und er spürt ein Kribbeln in den Fingern. Es ist eindeutig, dass etwas nicht stimmt. Trotzdem steigt Ali noch einmal in den Ring. Er ist jetzt fast 40 Jahre alt. Dieser Kampf findet 1981 auf den Bahamas statt. Ali verdient viel Geld, verliert aber nach Punkten. Der Sieger ist Trevor Berbick. Er ist 12 Jahre jünger als Ali. Danach beendet Muhammad Ali seine Karriere endgültig.

Die Spitznamen von Alis Gegnern

Muhammad Ali gibt seinen Gegnern gern gemeine Spitznamen. Hier sind einige Beispiele. Sie stammen aus dem Buch „Muhammad Ali: Ich. Mein Leben, meine Kämpfe“ (2011) von Thomas Hauser.

Sonny Liston: Großer, hässlicher Bär.
(„Weil er hässlich ist und stinkt wie ein Bär.“)

Archie Moore: Der alte Mann.
(„Er ist so alt, dass er mein Opa sein könnte.“)

Floyd Patterson: Der Hase.
(„Im Ring ist er ängstlich wie ein Hase.“)

George Chuvalo: Die Waschfrau.
(„Er schlägt zu wie eine Frau, die Wäsche wäscht.“)

Ernie Terrell: Die Krake.
(„Er umklammert seinen Gegner beim Boxen oft.“)

Joe Frazier: Der Gorilla.
(„Er ist hässlich und sieht aus wie ein Gorilla.“)

George Foreman: Die Mumie.
(„George ist langsam. Er läuft wie eine Mumie.“)

Earnie Shavers: Die Eichel.
(„Seine Glatze sieht aus wie eine Eichel.“)

Leon Spinks: Dracula.
(„Der Mann hat keine Vorderzähne mehr.“)

Larry Holmes: Die Erdnuss.
(„Sein Kopf hat die Form einer Erdnuss.“)

2002 - Muhammad Ali mit 60 Jahren

15

Das Ende

1984 gibt Alis Familie bekannt: Ali hat die Krankheit Parkinson. Er hat eine Form von Parkinson, die „Boxer-Demenz" genannt wird. Seine Hände zittern und er hat Schwierigkeiten beim Sprechen.

Dennoch bleibt Ali aktiv. Er reist um die Welt und setzt sich für gute Zwecke ein. Und er gibt Interviews. Ein Reporter fragt ihn, ob er bereut, Boxer zu sein. Wegen seiner Krankheit. Ali antwortet: „Oh, nein. Was wäre passiert, wenn ich nicht Boxer geworden wäre? Dann würde ich heute noch Häuser in Louisville anstreichen." Über seinen Kampf für die Rechte von Schwarzen Amerikanern sagt er: „Im Fernsehen sieht man jetzt auch Schwarze Menschen. Nicht nur weiße Menschen. Früher war das nicht so. Dazu habe ich beigetragen. Das ist mir wichtig."

1986 heiratet Ali zum vierten Mal. Er hat insgesamt neun Kinder. Eins davon wird auch Boxer. Das ist seine Tochter Laila.

Ali macht sich Sorgen um ihre Gesundheit. Doch er ist trotzdem stolz auf sie.

Laila boxt 24 Wettkämpfe und gewinnt alle. Sie schlägt 21 Gegnerinnen k.o. Sie bekommt den Spitznamen: „die stechende Biene".
Ali ist schwer krank. Doch Angst vor dem Tod hat er nicht. Er sagt dazu: „Ich habe nie Angst. Allah beschützt mich."

Seinen Humor hat er auch nicht verloren. Er macht Witze über seine zitternden Hände. „Das kommt nicht von der Krankheit", meint Ali. Das kommt davon, weil er zu viele Autogramme gibt. „Ich gebe jeden Tag hundert Autogramme. Ich unterschreibe auf allem Möglichen. So verdiene ich mein Geld."

Doch manchmal wird Ali trübsinnig und traurig. Dann versucht er, sich mit Gesellschaft aufzumuntern. Er ist immer noch ein Star. Viele Menschen wollen ihn sehen. Er umarmt die Leute und gibt Autogramme. Danach geht es ihm wieder besser. Er genießt es noch immer, im Mittelpunkt zu stehen. Ali braucht diese Aufmerksamkeit.

1996 steht Ali wieder im Mittelpunkt. In diesem Jahr finden die Olympischen Spiele in Atlanta statt. Das ist eine große Stadt im Süden der USA. Ali ist inzwischen 54.

Er darf die olympische Flamme anzünden. Seine Hände zittern. Aber es gelingt ihm trotzdem. Die ganze Welt schaut gerührt zu.

2005 wird Alis Traum wahr. In Louisville wird das Muhammad Ali Center eröffnet. Die Organisation setzt sich gegen Armut und Hunger in der Welt ein. Das ist Ali sehr wichtig.

Elf Jahre später stirbt Ali im Alter von 74 Jahren. Auf seinem Grabstein steht ein Spruch von ihm: „Service to others is the rent you pay for your room in heaven" (auf Deutsch: Was du für andere Menschen tust, ist die Miete für deinen Platz im Himmel).

Seine Tochter Laila hat schon vor Jahren aufgehört zu boxen. Doch jetzt setzt jemand anderes die Familien-Tradition fort. Alis Enkel ist Profi-Boxer. Er heißt Nico Ali Walsh. Er kämpft in den berühmten weißen Boxer-Shorts von Muhammad Ali. Das hätte Muhammad sicher sehr gefallen.

Die Erfolge von Muhammad Ali

56 Siege, 37 durch Knock-out (KO)
5 Niederlagen.

Wettkämpfe bei Olympia (Rom, 1960)
Jan Becaus (Belgien) – KO nach 2 Runden

Gennadiy Shatkov (Sowjetunion) – Sieg nach 3 Runden

Tony Madigan (Australien) – Sieg nach 3 Runden

Zbigniew Pietrzykowski (Polen) – Sieg nach 3 Runden
(Ali gewinnt Gold im Halb-Schwergewicht)

Kämpfe als Profi-Boxer

1960
29. Oktober. Tunney Hunsaker
Louisville (USA) – Sieg nach 6 Runden

27. Dezember. Herb Siler
Miami Beach (USA) – KO nach 4 Runden

1961

17. Januar. Tony Esperti
Miami Beach (USA) – KO nach 3 Runden

7. Februar. Jim Robinson
Miami Beach (USA) – KO nach der ersten Runde

21. Februar. Donnie Fleeman
Miami Beach (USA) – KO nach 7 Runden

19. April. Lamar Clark
Louisville (USA) – KO nach 2 Runden

26. Juni. Duke Sabedong
Las Vegas (USA) – Sieg nach 10 Runden

22. Juli. Alonzo Johnson
Louisville (USA) – Sieg nach 10 Runden

7. Oktober. Alex Miteff
Louisville (USA) – KO nach 6 Runden

28. November. Willi Besmanoff
Louisville (USA) – KO nach 7 Runden

1962

19. Februar. Sonny Banks
New York (USA) – KO nach 4 Runden

28. März. Don Warner
Miami Beach (USA) – KO nach 4 Runden

23. April. George Logan
Los Angeles (USA) – KO nach 6 Runden

19. Mai. Billy Daniels
New York (USA) – KO nach 7 Runden

20. Juli. Alejandro Lavorante
Los Angeles (USA) – KO nach 4 Runden

15. November. Archie Moore
Los Angeles (USA) – KO nach 4 Runden

1963

24. Januar. Charlie Powell
Pittsburgh (USA) – KO nach 3 Runden

13. März. Doug Jones
New York (USA) – Sieg nach 10 Runden

18. Juni. Henry Cooper
London (England) – KO nach 5 Runden

1964

25. Februar. Sonny Liston
Miami Beach (USA) – KO nach 7 Runden
(Ali wird Weltmeister im Schwergewicht.)

1965

25. Mai. Sonny Liston
Lewiston (USA) – KO in der ersten Runde
(Ali behält den Weltmeister-Titel im Schwergewicht.)

22. November. Floyd Patterson
Las Vegas (USA) – KO nach 12 Runden
(Ali behält den Weltmeister-Titel im Schwergewicht.)

1966

29. März. George Chuvalo
Toronto (Kanada) – Sieg nach 15 Runden
(Ali behält den Weltmeister-Titel im Schwergewicht.)

21. Mai. Henry Cooper
London (England) – KO nach 6 Runden
(Ali behält den Weltmeister-Titel im Schwergewicht.)

6. August. Brian London
London (England) – KO nach 3 Runden
(Ali behält den Weltmeister-Titel im Schwergewicht.)

10. September. Karl Mildenberger
Frankfurt (Deutschland) – KO nach 12 Runden
(Ali behält den Weltmeister-Titel im Schwergewicht.)

14. November. Cleveland Williams
Houston (USA) – KO nach 3 Runden
(Ali behält den Weltmeister-Titel im Schwergewicht.)

1967
6. Februar. Ernie Terrell
Houston (USA) – Sieg nach 15 Runden
(Ali behält den Weltmeister-Titel im Schwergewicht.)

22. März. Zora Folley
New York (USA) – KO nach 7 Runden
(Ali behält den Weltmeister-Titel im Schwergewicht.)

28. April. Die Sport-Kommission in New York entzieht Ali die Box-Lizenz. Er darf drei Jahre lang nicht boxen und verliert seinen Weltmeister-Titel.

1970

26. Oktober. Jerry Quarry

Atlanta (USA) – KO nach 3 Runden

7. Dezember. Oscar Bonavena

New York (USA) – KO nach 15 Runden

1971

8. März. Joe Frazier

New York (USA) – Niederlage nach 15 Runden

(Frazier wird von Ali herausgefordert. Es geht um die Weltmeisterschaft. Ali verliert zum ersten Mal.)

26. Juli. Jimmy Ellis

Houston (USA) – KO nach 12 Runden

17. November. Buster Mathis

Houston (USA) – Sieg nach 12 Runden

26. Dezember. Jürgen Blin

Zürich (Schweiz) – KO nach 7 Runden

1972

1. April. Mac Foster

Tokio (Japan) – Sieg nach 15 Runden

1. Mai. George Chuvalo
Vancouver (Kanada) – Sieg nach 12 Runden

27. Juni. Jerry Quarry
Las Vegas (USA) – KO nach 7 Runden

19. Juli. Al Lewis
Dublin (Irland) – KO nach 11 Runden

20. September. Floyd Patterson
New York (USA) – KO nach 7 Runden

21. November. Bob Foster
Stateline (USA) – KO nach 8 Runden

1973
14. Februar. Joe Bugner
Las Vegas (USA) – Sieg nach 12 Runden

31. März. Ken Norton
San Diego (USA) – Niederlage nach 12 Runden

10. September. Ken Norton
Los Angeles (USA) – Sieg nach 12 Runden

21. Oktober. Rudi Lubbers
Jakarta (Indonesien) – Sieg nach 12 Runden

1974
28. Januar. Joe Frazier
New York (USA) – Sieg nach 12 Runden

30. Oktober. George Foreman
Kinshasa (Kongo) – KO nach 8 Runden
(Ali gewinnt den Weltmeister-Titel im Schwergewicht)

1975
24. März. Chuck Wepner
Cleveland (USA) – KO nach 15 Runden
(Ali behält den Weltmeister-Titel im Schwergewicht)

16. Mai. Ron Lyle
Las Vegas (USA) – KO nach 11 Runden
(Ali behält den Weltmeister-Titel im Schwergewicht)

30. Juni. Joe Bugner
Kuala Lumpur (Malaysia) – Sieg nach 15 Runden
(Ali behält den Weltmeister-Titel im Schwergewicht)

1. Oktober Joe Frazier
Manila (Philippinen) – KO nach 14 Runden
(Ali behält den Weltmeister-Titel im Schwergewicht)

1976
20. Februar. Jean-Pierre Coopman
San Juan (Puerto Rico) – KO nach 5 Runden
(Ali behält den Weltmeister-Titel im Schwergewicht)

30. April. Jimmy Young
Landover (USA) – Sieg nach 15 Runden
(Ali behält den Weltmeister-Titel im Schwergewicht)

24. Mai. Richard Dunn
München (Deutschland) – KO nach 5 Runden
(Ali behält den Weltmeister-Titel im Schwergewicht)

28. September. Ken Norton
New York (USA) – Sieg nach 15 Runden
(Ali behält den Weltmeister-Titel im Schwergewicht)

1977
16. Mai. Alfredo Evangelista
Landover (USA) – Sieg nach 15 Runden
(Ali behält den Weltmeister-Titel im Schwergewicht)

29. September. Earnie Shavers
New York (USA) – Sieg nach 15 Runden
(Ali behält den Weltmeister-Titel im Schwergewicht.)

1978
15. Februar. Leon Spinks
Las Vegas (USA) – Niederlage nach 15 Runden
(Ali verliert den Weltmeister-Titel im Schwergewicht.)

15. September. Leon Spinks
New Orleans (USA) – Sieg nach 15 Runden
(Ali wird Weltmeister im Schwergewicht.
Er beendet seine Box-Karriere.)

1980
2. Oktober. Larry Holmes
Las Vegas (USA) – Niederlage nach 11 Runden
(Ali fängt wieder an zu boxen. Er fordert den
Weltmeister Holmes heraus und verliert)

1981
11. Dezember. Trevor Berbick
Nassau (Bahamas) – Niederlage nach 10 Runden

Wörterliste

Seite 4: Steckbrief
eine kurze Beschreibung von einer Person, die wichtige Informationen über die Person enthält

Seite 5: Schwergewicht
Beim Boxen kämpfen immer zwei Boxer gegeneinander, die ungefähr gleich schwer sind. Sonst wäre der Kampf unfair. Dafür werden Boxer in Gruppen aufgeteilt, die nach dem Gewicht geordnet sind. Schwergewichte sind die größten und schwersten Boxer.

Seite 5: Sklave
Ein Mensch, der wie ein Gegenstand behandelt wird. Sklaven gehören einem anderen Menschen. Sklaven haben keine Freiheit und keine Rechte. Ihr Besitzer darf mit ihnen machen, was er will. Oft wurden Sklaven extrem schlecht behandelt. In den USA war es noch bis zum Jahr 1865 erlaubt, Menschen als Sklaven zu besitzen.

Seite 5: Sprüche-Klopfer
jemand, der viele lustige Sprüche drauf hat; ein Großmaul

Seite 6: Diskriminierung
Diskriminierung ist, wenn eine Gruppe von Menschen wegen bestimmter Merkmale schlecht behandelt wird. Zum Beispiel wegen ihrer Hautfarbe, ihrem Geschlecht, ihrer Religion oder ihrer Herkunft.

Seite 6: Rassismus
Rassismus ist, wenn Menschen denken, dass sie nur wegen ihrer Hautfarbe, Herkunft oder Kultur besser sind als andere. **Diskriminierung** tritt oft zusammen mit Rassismus auf.

Seite 8: Schwarze und weiße Menschen
Zu der Zeit, in der Muhammad Ali gelebt hat, gab es viel Rassismus in den USA. Damals hat man den Begriff „Schwarze Menschen" benutzt, um Menschen wegen ihrer Hautfarbe zu **diskriminieren**. Heute weiß man, dass Rassismus falsch ist. Deshalb schreiben wir die Wörter „Schwarze Menschen" immer groß. Das soll zeigen, dass nicht die Hautfarbe der Menschen gemeint ist. Sondern eine Gruppe von Menschen, die von Rassismus betroffen ist.

Seite 12: Plantage
ein großes Stück Land, auf dem bestimmte Pflanzen angebaut werden

Seite 15: große Klappe
jemand, der viel redet und sich selbst gerne lobt;
ähnlich wie: **Sprüche-Klopfer**

Seite 16: Ring
der Bereich, in dem die Boxer gegeneinander kämpfen.
An den Seiten sind Seile, die den Bereich eingrenzen. Obwohl es Ring heißt, ist der Bereich nicht rund, sondern viereckig.

Seite 16: Profis
Profis boxen beruflich und verdienen Geld damit.

Seite 18: Amateur
Amateure boxen als Hobby. Sie boxen nicht beruflich und verdienen auch kein Geld damit.

Seite 23: Autogramm
eine persönliche Unterschrift von einer berühmten Person

Seite 23: Nationalhymne
Jedes Land hat ein besonderes Lied, das dieses Land repräsentiert. Es wird oft zu wichtigen Ereignissen und zu feierlichen Anlässen gespielt oder gesungen.

Seite 29: Entertainer
jemand, der andere Leute unterhält

Seite 26: Show
eine Art von Unterhaltung, bei der Menschen etwas Interessantes oder Aufregendes tun

Seite 28: Sponsor
Jemand, der einer Person (oder einer Gruppe) Geld oder Hilfe gibt. Dafür bekommt der Sponsor Werbung.

Seite 34: aggressiv
ein anderes Wort für angriffslustig; wenn jemand auf eine wütende oder feindselige Weise handelt oder spricht

Seite 39: heroinsüchtig
Jemand, der von Heroin abhängig ist. Heroin ist eine sehr starke Droge, die das Gehirn beeinflusst.

Seite 39: Überdosis
Eine Überdosis ist, wenn jemand zu viel von einem Medikament oder von einer Droge eingenommen hat. Man kann an einer Überdosis sterben.

Seite 45: Zeitlupe
Eine Technik aus der Filmwelt. Eine Video-Aufnahme wird langsamer abgespielt wird als normal.

Seite 49: Einstellungstest
meint hier einen Test für Personen, die Soldat werden wollen (oder sollen)

Seite 61: Comeback
Eine Person hat ein Comeback, wenn sie von etwas zurückkehrt. Zum Beispiel von einer längeren Pause oder einer schlimmen Niederlage.

Bildnachweise

Seite 6: Cassius Clay, 1966. Campioni dello Sport 1966-1967, Nr.°377. CC BY 4.0

Seiten 8, 17, 32, 34, 43, 48, 50, 58, 68, 78: Shutterstock

Seite 12: Feldwebel A. M. Chandler vom 44. Mississippi-Infanterieregiment, Co. F. und Silas Chandler, der Sklave der Familie Bowie, mit Messern, Revolvern, Pfefferbüchse, Schrotflinte und Feldflasche. 1861-1863. Library of Congress, Sammlung der Familie Liljenquist, USA. CC BY 4.0

Seite 14: Cassius Clay und sein Trainer Joe Martin, 1960. Zeitung *The Courier Journal*, Lousiville, Kentucky, USA. CC BY 4.0

Seiten 18, 28, 40, 44, 52, 64, 74: Fotos der Nachrichtenagentur ANP.

Seite 22: Yvon Becaus und Cassius Clay, 1960, Rom. Verfasser unbekannt. CC BY 4.0

Seite 26: Wilma Rudolf, 1960. Henk Lindeboom/ANEFO. Nationales Archiv, Den Haag, Niederlande.

Seite 38: Sammlung des Smithsonian National Museum of African American History and Culture, Washington DC, USA. CC BY 1.0

Seite 62: Boxkampf Peter Weiland gegen Jürgen Blin um die Deutsche Meisterschaft im Schwergewicht. Friedrich Magnussen Stadtarchiv Kiel, Deutschland.

Seite 67: George Foreman kommt am Flughafen Amsterdam Schiphol an, 1973. Bert Verhoeff/ANEFO. Nationales Archiv, Den Haag, Niederlande.

Seite 72: Joe Frazier kommt am Flughafen Amsterdam Schiphol an. ANEFO. Nationales Archiv, Den Haag, Niederlande.